El gran libro de los contrarios

Ilustraciones de Katia Gaigalova

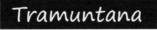
Tramuntana

Describimos los objetos, los animales, las plantas, las actividades y los acontecimientos con las cualidades que creemos que los caracterizan. Y nos atraen sobre todo los contrarios: el elefante es grande y la hormiga es pequeña; el guepardo es rápido y el caracol es lento; el helado es frío y dulce (¡ñam!), el café es caliente y el café sin azúcar es amargo (¡puaj!)... Y podríamos seguir así indefinidamente.

Hacerlo nos ayuda a movernos por el mundo y a conocerlo mejor, así que hemos establecido ciertas categorías para algunos objetos y fenómenos. Sin embargo, hay truco: no existe nada que solo tenga una cualidad. Una cosa pequeña puede ser también ligera o pesada, puntiaguda o redondeada. Hay un truco más: todo el mundo mira a su alrededor con unos ojos distintos y se forma una imagen diferente de él. Esto es positivo, sin lugar a dudas, porque hace que el mundo que nos rodea resulte más atractivo e interesante.

Enseguida vas a darte cuenta de que mirar este libro es tan divertido como observar el mundo, así que ya podemos empezar a hacer comparaciones y descubrimientos y a clasificarlo todo en categorías.

ligero

pesada

punzante

grande

redondo

silencioso

fuerte

resistente

ruidoso

pequeña

lento

rápido

subterráneas

cáscara de huevo

nieve en polvo

alas de libélula

pompas de jabón

ropa de encaje

frágil

pastelillo de nata

ala de mariposa

porcelana

hojas secas

espejo

concha de caracol

copo de nieve

telaraña

castillo de arena

gafas

diente

pared de ladrillo

roca

caparazón de tortuga

monedas

diamante

huesos

resistente

puente de hierro

hacha

yeso

mesa de roble

excavadora

castaña de Indias

castillo

hormigón

caliente

plancha

estufa

barbacoa

sauna

sol

agua hirviendo

fundición de metales

comida picante

secador del pelo

fuego

arena bajo el sol

desierto

lava

fiebre

géiser

muñeco de nieve

ventilador

tormenta de nieve

frío

iglú

carámbanos

helado

escarcha en
la ventana

Reina de
las Nieves

congelador

bañador mojado

Antártida

limonada con hielo

cueva

cima del
monte
Everest

lago de montaña

cometa

golondrina

avión de combate

hockey sobre hielo

guiño

velocista

montaña rusa

coche de Fórmula 1

17

halcón

tornado

tren bala

rápido

juego del pillapilla

río embravecido

guepardo

patinador de velocidad

ciclo lunar

caracol

bordar

gondola

subir la masa

globo aerostático

aburrimiento

persona anciana

perezoso

primeros pasos

ajedrez

lento

tractor

crecer

hacer un puzle

tortuga

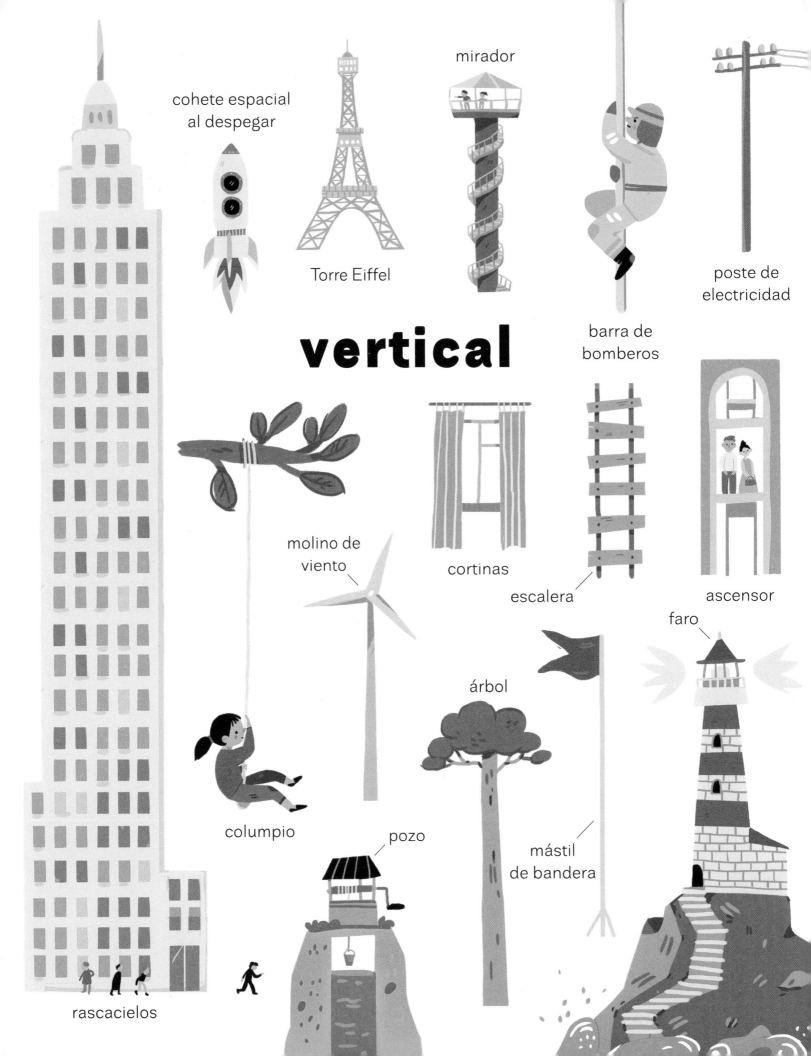

cohete espacial
al despegar

mirador

Torre Eiffel

poste de
electricidad

vertical

barra de
bomberos

molino de
viento

cortinas

escalera

ascensor

faro

árbol

columpio

pozo

mástil
de bandera

rascacielos

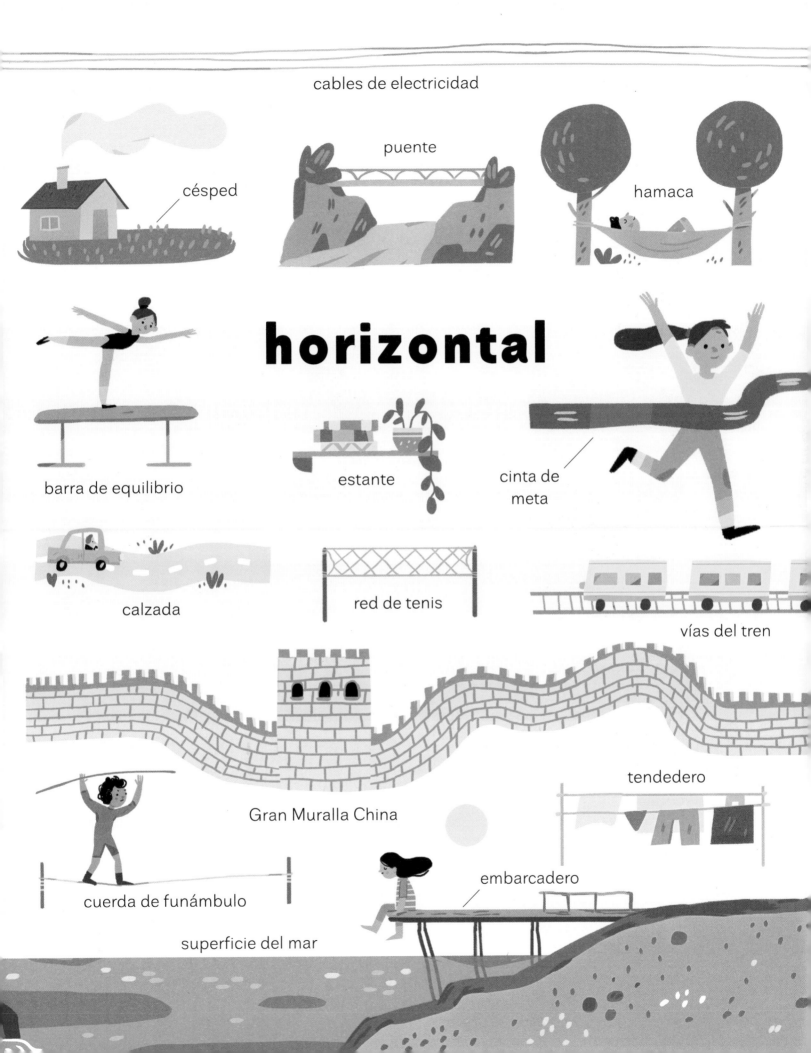

cables de electricidad

céspoed

puente

hamaca

barra de equilibrio

horizontal

estante

cinta de meta

calzada

red de tenis

vías del tren

Gran Muralla China

tendedero

cuerda de funámbulo

embarcadero

superficie del mar

blando

ositos de gominola

toalla

musgo

albornoz

neumático pinchado

colchón inflable

plastilina

plumas

tomate

oveja

lana

edredón

pajar

oso de peluche

hierba

bellotas

cabeza

bloques de madera

duro

puerta

molde de pastel

dedal

sartén

protecciones del portero

casa

vidrio

martillo

armadura

iceberg

farola

coral

libros

perfume

ambientador

miel

canela

aromático

lavanda

hierba recién cortada

bosque

jabón

naranja

bebé

lirios

té

perro recién lavado

galletas de jengibre

aguarrás

comida podrida

mal aliento

mofeta

rana maloliente

sudor

basura

maloliente

caca

durión

turón

pescadería

ropa sucia

queso azul

letrina

gases de los coches

máquina de escribir

gramófono

televisor de tubo

máquina de coser

tabla de lavar

velocípedo

cámara de cajón

miriñaque

paloma mensajera

globo dirigible

antiguo

teléfono de disco

casete

bomba manual

carro

jugar a las canicas

robot aspirador

ordenador portátil

cine 3D

correo electrónico

automóvil moderno

auriculares
inalámbricos

lavadora
automática

bicicleta eléctrica

arquitectura de vanguardia

brazo
robótico

realidad
virtual

teléfono
móvil

moderno

róver
lunar

impresora 3D

juegos de ordenador

teleférico

bus

globo dirigible

andar con zancos

pájaro

fresas

señal indicadora

fuente

paracaidismo

jirafa

catedral

saltar en una cama elástica

al aire libre

alpinista

observatorio

grúa

mineros

raíces de
un árbol

metro

topo

lombriz

tesoro

tuberías

túnel secreto para
escapar de la cárcel

espeleólogos

zanahoria

restos
arqueológicos

hormiguero

bajo tierra

madriguera de zorro

ciudad
subterránea

huesos de
dinosaurio

estrellas

murciélago

bebé que llora

leer a escondidas bajo las sábanas

oscuridad

erizo

pijama

contar ovejitas

vampiro

luna

polilla

vigilante nocturno

soñar

búho

dormir

noche

hacer pasteles

luz

sol

ir en bicicleta

chapotear en los charcos

gafas de sol

merendar en el parque

bebé que llora

girasoles

jugar

atasco

erizo dormido

levantarse

colegio

desayunar juntos

día

curvo

bumerán

tentáculos de un pulpo

ancla

plátano

intestinos

sable

bastón de hockey

cuernos de íbice

mecedora

pico de tucán

arco iris

carretera sinuosa

sonrisa

grifo

saxófono

flecha

lanza

puntero

recto

palillos

cuchara
de cocinar

regla

espada

hueso

flauta

pincel

salchichón

guardia

carretera recta

pico de cigüeña

remo

casa

avión de mercancías

depósito de agua

cañón

pesado

mochila llena

caja fuerte

yunque

pesas

ladrillos

Tierra

hipopótamo

mamut

roca

aparador

submarino

aguja

colibrí

globos
hinchables

volante

hoja

farolillo

ligero

pluma

baño de burbujas

pelusa de
diente de león

cometa

baño de burbujas

avioncillo
de papel

pañuelo

mariposa

abanico

arándano

punzante

hocico de oso hormiguero

cactus

lanza

inyección

taladro

agujas de tejer

rosa

espada

lápices afilados

garras de tigre

astas de toro

tijeras

aguijón

pez espada

erizo

plato

anillo

casco

redondo

fruto seco

armadillo enroscado

planeta

piruleta

barriga

brújula

salvavidas

huevos

canica

concha de caracol

bola de nieve

sandía

universo

llaves de
un castillo

desorden

ballena

luna

océano

pirámide

brontosaurio

huevo de
avestruz

ciudad

caracol
gigante
africano

elefantes

petrolero

gigante

secuoya

grande

piezas de
un puzle

lagartija

cerezas

bonsái

tornillo

guijarro

huevo de codorniz

migas

barco en una botella

semillas de amapola

barquito
de papel

casa de muñecas

enano

aldea

ojo de la
cerradura

pequeño

arándanos

salvavidas

protecciones

pararrayos

fruta y verdura

culebra de collar

cinturón de seguridad

setas comestibles

tu
familia

chaleco
reflectante

lavarse
las manos

seguro

cruzar en verde

barandilla

llave de casa

crema solar

agua hirviendo

caries

comida poco saludable

alud

terremoto

víbora

escorpión

bacterias

hierba de París

león

sustancias químicas

cobra

peligroso

cruzar en rojo

jugar cerca de un precipicio

setas venenosas

desierto

timidez

jugar al escondite

yoga

silencioso

reloj de arena

pez

auriculares

leer

serpiente

gato dormido

planta

nevar

ladrón

pescar

secreto

bailar

tocar la batería

cantante

ruidoso

colmena

reloj de cuco

leer un cuento en voz alta

tormenta

campanilla

niño que llora

radio

volcán en erupción

gallo

ambulancia

perro ladrador

roncar

estrellas en el cielo

pelos en la cabeza

hormigas en un hormiguero

abejas en un enjambre

malas hierbas

dientes de un tiburón

turistas de una visita guiada

pájaros de una bandada

caramelos de un cuenco

trillizos

piragüistas de un *dragon boat*

tráfico en la ciudad

bolas de helado

pingüinos de una colonia

árboles de un bosque

mucho

papel higiénico de un rollo

hojas de un árbol en otoño

unicornio

árbol aislado

hijo único

trébol de cuatro hojas

primer diente

piragüista individual

diamante

sello de colección único

una sola bola de helado

pastilla de chocolate

rinoceronte blanco

agua en el desierto

pelos en la cabeza de un bebé

poco

persona

perro

bacteria

oruga

ciervo volante

cantante

coral

flor

ostra que da perlas

setas

tiburón

planta carnívora

animado

musgos y líquenes

cangrejo

ácaro

joya

perro robótico

marioneta

televisor

libro

submarino

botas

espantapájaros

robot

momia

rocas

fósil

inanimado

maniquí de un escaparate

flores marchitas

bicicleta

Fíjate bien en la ilustración y describe lo que ves. El perro es ruidoso. Las flores son aromáticas. La niña rubia es rápida. ¿Puedes seguir? Seguro que también encuentras muchos contrarios en el dibujo.

Título original: *A Big Book of Opposites*
© Diseñado por B4U Publishing, miembro de Albatros Media Group
Autora: Magda Garguláková
Ilustraciones © Katia Gaigalova

Traducción del inglés: Raquel Valle Bosch
Diagramación: Editor Service, S.L.

Primera edición en castellano para todo el mundo: septiembre 2021
© Tramuntana Editorial - c/ Cuenca, 35
17220 Sant Feliu de Guíxols (Girona)
www.tramuntanaeditorial.com

ISBN: 978-84-18520-11-2
Depósito legal: GI 348-2021

Impreso en la República Checa